AF450621

CATALOGUE
DES LIVRES
DE FEU M. DOYEN
AVOCAT AU PARLEMENT.

THEOLOGIE.

Ecriture-Sainte, Liturgies, &c.

1 Biblia Sacra, *Colon.* 1666. 8 *vol. in* 12.　　10
2 Eadem. *Colon.* 1682, *in* 8. *mar. r.*　　6 · 12
3 Bible avec le Comment. de Dom Calmet. *Par.* 80
　　1715 *& suiv.* 26 *vol. in* 4.
4 Liber Psalmorum Davidis. *Par. Typ. regia.* 1642, 6
　　in fol. mar. r.
4 * Psalterium Davidis. *Par.* 1642. *in* 8. *mar. n.*　　10
5 Liber Psalmorum & Ordo Missæ. *Par.* 1714. 1 · 5
　　in 16. *mar. n.*
6 Les Pseaumes, l'Ecclésiaste, les Proverbes & 9 · 4
　　l'Ecclésiastique, par Sacy. 6 *vol. in* 8.
7 Pseaumes trad. par Dupin. *Par.* 1691. *in* 12.　}
8 Pseaumes trad. par Nau. *Par.* 1699. *in* 12.　} 1
9 Pseaumes trad. sur l'Hebreu. *Par.* 1707. *in* 12.
　　mar. n.　　} 1 · 10
10 Pseaumes trad. par d'Asfeld. 1732. *in* 12.

A

11 Pseaumes trad. par Marot. *Char.* 1642. *in* 16. *mar. n.*

12 N. Testamentum. *Par.* 1695. *in* 12.

13 N. Testamentum lat. *Lovanii*, 8 vol. *in* 12. *deest tom. octavus.*

14 N. Testament. *Mons*, 1668. *in* 16. *mar. n.*

15 N. Testament gr. lat. & franç. *Mons*, 1673. *in* 8.

16 Justification par Bossuet. 1710. *in* 12.

17 N. Testamentum ex vers. Castalionis. *Bas.* 1556. *in* 12.

18 N. Testament & Pseaumes. *Charenton*, 1646. *in* 12.

19 Les mêmes. *Amst.* 1677. *in* 12.

20 Jos. Vallart Parabolæ Evangelicæ. *Par.* 1742. *in* 8.

21 Sentences tirées du N. Testament par de Laval. *Par.* 1676. *in* 12.

22 Jo. Holbenii Icones Historiarum vet. Testamenti. *Lugd.* 1539. *in* 4.

23 Hist. du V. & du N. Testament en figures par Royaumont. *Par.* 1671. *in* 4.

24 La même. *Bruxelles*, 1698. *in* 8. *fig.*

25 Explication de l'ouvrage des six jours. *Par.* 1736. *in* 12.

26 Conjectures de Nic. de Cusa, avec un Extrait du Comm. de Jean d'Olive sur l'Apocalypse. *Amst.* 1700. *in* 8.

27 Concordantiæ sacr. Bibliorum. *Colon.* 1684. *in* 8.

28 J. le Long Bibliotheca sacra. *Par.* 1723. 2 vol. *in fol.*

29 Breviarium Parisiense. *Par.* 1736. 4 vol. *in* 12.

30 Canons du N. Breviaire de Paris, &c. *in* 12.

31 Missel de Paris lat. *Par.* 1727. 3 vol. *in* 12. *m. n.*

32 Officium Defunctorum. *Par.* 1736. *in* 8.

33 Instructions du Rituel d'Alet. *Par.* 1724. *in* 12.

34 Diurnale Carrusiense. *Par.* 1661. *in* 12.

35 Semaine sainte lat. & fr. *Par.* 1691. *in* 8. *mar. n.*

THEOLOGIE.

36 Autre. *Par.* 1698. *in* 8. *mar. r.*

37 Autre. *Par.* 1705. *in* 12.

38 Autre lat. *Par.* 1707. *in* 16. *m n.*

39 Autre lat. & fr. *Par.* 1745. *in* 8. *m. r.*

40 Office de la Quinzaine de Pâques. *Par.* 1739. 3
   in 8. *mar. bl.*

41 Le même. *Par.* 1739. *in* 12.   2 . 9

42 Heures Mff. fur velin. *in* 8.   1 . 5

43 Heures gravées. *Par. in* 8. *mar. r.*   1 . 4

44 Office de l'Eglife lat. & fr. *Par.* 1650. *in* 12. *m. r.*   1 . 10

45 Calendrier des Heures à la Janfenifte par le P.   1 . 16
   Labbe. 1650. *in* 8.

46 Office de l'Eglife noté. *Par.* 1740. 7 *v. in* 12. *l. r.*   18 . 9

47 Office des Chev. du Mont-Carmel, &c. 1721.
   in 16.

48 P. Pithoei Comes Theologus. *Par.* 1684. *in* 12.   1 . 9
   m. n.

49 Manuel du Chrétien. *Col.* 1740. *in* 16.   2

50 Concilium Trident. *Colon.* 1577. *in* 12.   1 . 15

51 Idem. *Colon.* 1683. *in* 12.

52 Concile de Trente trad. par Hervet. *Par.* 1584.
   in 8.

53 Le même. *Lyon*, 1584. *in* 12.

54 Lettres de Vargas. *Amft.* 1699. *in* 8.   1 . 16

55 Racicod fur le Conc. de Trent. 1706. *in* 8.

56 Hift. de la reception du Concile de Trente, &c.   2
   Par. 1756. 2 *vol. in* 12.

57 Journal du Conc. d'Embrun. 1727. *in* 12.   15

58 Avis, Statuts, &c. du Diocèfe d'Amiens. *in* 4.

THEOLOGIENS, &c.

    9

59 Corn. Janfenii Auguftinus. *Roh* 1643. *in fol.*

60 Journal de S. Amour. 1662. *in fol.*   12 . 5

61 La Paix de Clement IX. *Par.* 1701. *in* 12.   1

62 Mémoires hift. fur le f.... 1756. 2 *vol. in* 12.   2

90 Cinq vol. fur le Livre de la fréq. Commun. *in* 4.
91 Relation de Bourgeois au fujet du Livre de la fréq. Communion. 1695. *in* 12.
92 La même. *Par.* 1750. *in* 12.
93

94 Liaffe de Mandemens fur le P. Pichon, *in* 4.
95 Inftr. Paft. de l'Arch. de Tours fur la juftice chrét. *Par.* 1749. *in* 12.
96 La Confeffion coupée. *Par.* 1677. *in* 12.
97 Deux Liaffes fur les Sacremens.
98

99
100 Traité hift. du Jubilé. *Par.* 1701. *in* 12.
101 Liaffe de btoch. *in* 12. fur le Jubilé.
102 Traité des Indulgences & Jubilés. 1751. *in* 12.
103 Quatre Brochures fur la Thèfe de Prades. *in* 12.   18
104 Hiftoria cultus Sinenfium. *Col.* 1700. 2 *v. in* 12.   1 · 10
105 Doctrine de l'Ecrit. des PP. fur les guerifons miraculeufes par D. Prudent Maran. 1754. *in* 12.   1 · 9
106
107 Differtat. fur les Miracles. *Par.* 1737. 2 *v. in* 4.   4 · 10
108
109 Conférenc. Ecclef. par Duguet. 1742. 2 *v. in* 4.   7 · 6
110 Lettres fur les Prêts de Commerce. *in* 4.   7
111 De Feftorum inftitutione, celebratione & abrogatione. *in* 4. *mf.*   2 · 10
112 Homilia S. Auguftini &c. contra feftum fatuorum &c. Traité contre les Mafques &c. *Par.* 1611. *in* 8.   1 · 11
113 Differt. Théol. fur les Loteries. 1742. *in* 12.   1
114 De la Dévotion à la Ste Vierge par Baillet. *Par.* 1693. *in* 12.
115 Lettre de Mabillon fur le culte des SS. inconnus. 1698. *in* 12.   1 · 6
116 Amadæi Guimenii (Michael. de Moya) Opuf-   12

culum. *Colon.* 1665. *in* 12.

117 Lettres de Pascal. *Colog. Elzev.* 1657. *in* 12.

118 Les mêmes. *Amst.* 1734. 3 *vol. in* 12.

119 Portef. *in* 4. Pieces mss. & impr. sur la Thèse de Sorbonne de 1663, &c.

120 Ordonn. de M. le Tellier contre deux Thèses. *Par.* 1697. *in* 8.

121 Rudimenta fidei seu Catechismus gr. lat. 1565. *in* 12.

122 Catech. en vers par d'Heauville. *Par.* 1672. *in* 12.

123 Catéchisme de Chaalons. 1676. *in* 12.

124 Catéchisme des Evêq. d'Angers, de la Rochelle & de Luçon. *Par.* 1756. *in* 12.

125 Reflex. sur le précéd. Catéchisme. 1678.

126 Catéchisme de Nantes par Mesnard. *in* 8.

127 Catechismes de Canisius : de Chartres, de Fleury : de Paris. *in* 12.

128 Fr. Am. Pouget Institutiones Cathol. *Par.* 1725. 2 *vol. in fol.*

129 Liasse de broch. dont vie d'Hermant. Lettre sur le Catéch. de Montpellier. *in* 12.

130 Catéch. hist. par Fleuri. *Par.* 1686. *in* 12. *fig.*

131 Catéchisme hist. *Nancy*, 1733. 4 *vol. in* 12.

132 Brochures dont Catéchisme sur l'Eglise. *in* 12.

133 Maximes sur le Ministere de la Chaire par Gaichiés. *Par.* 1739. *in* 12.

134 Th. à Kempis de Imitat. Christi. *Elzev.* 1658. *in* 12.

135 Eadem. *Par.* 1660. *in* 12. *mar. r.*

136 Imitation de J. C. trad. *Par.* 1677. *in* 8.

137 Pseautier de la Vierge par S. Bonnaventure. *Lyon*, 1723. *in* 12.

138 Essais de Morale par Nicole. *La Haye*, 1683. 4 *vol. in* 12. *mar. bl.*

139 Examen des Essais de Morale, &c. *in* 12.

140 Vie de Nicole. *Par.* 1732. *in* 12.   1 · 19
141 Invocation & Imitation des Saints. *Par. Au-*   7 · 16
    dran , 1687. 4 *vol. in* 16.
142 Le Paradis des Ames chrétiennes. *Bruxelles ,*
    1732. *in* 12.   1 · 3
143 Journée chrétienne. *Par.* 1741. *in* 12.
144 Directeur dans les voies du salut &c. *Amiens ,*   1
    1749. *in* 12.
145 Traité de l'espérance chrét. *Par.* 1732. *in* 12.   10
146 Explic. des Maximes des SS. par Fenelon. *in* 12.
147 Jugement de Jurieu sur le Quiétisme , &c.   1
    3 *vol. in* 12.
148 Deux Liasses *in* 12. dont Relation du Quiétis-
    me par Bossuet.   1 · 4
149 Pieces sur le Quiétisme. *in* 12.
150 Grandeur de Dieu dans les Merveilles de la   1 · 2
    Nature, Poëme par Dulard. *Par.* 1749. *in* 12.
151 La Religion & la Grace , Poëmes par Racine.   1 · 11
    Par. 1742. *in* 12.
152 Poëme sur la Grace par Racine. 1722. *in* 8.   11
153 Brochures sur le P. Berruyer. *in* 12.
154 Liasse de broch. dont Apologie de la Meta-   1 · 10
    physique : Paradoxes de Concina , &c. *in* 12.
155 Liasse de broch. dont Lettres Persannes con-
    vaincues d'impiété : Critique d'un Ballet de   1
    Rouen , &c. *in* 12.
156 Reflexions sur la Religion par Pellisson. 1689.   1 · 4
    3 *vol. in* 12.

JURISPRUDENCE.

Droit Canonique , &c.

157 Hist. du Droit canoniq. par Brunet. *Par.* 1750.   19
    in 12.
158 Corpus juris canonici studio P. Pithoei. *Par.*   22 · 19
    1687. 2 *vol. in fol.*

159 Loix ecclésiastiques par de Hericourt. *Par.* 1743. *in fol.*

160 Loix ecclésiast. tirées des Livres Saints. *Par.* 1754. *in* 12.

161 Censures de Sorbonne sur la souveraineté des Rois. *Par.* 1720. *in* 4.

162 Jac. Gretseri Apologia pro Gregorio VII. *in fol.*

163 Démêlez de Henri II avec Thomas Becquet : Bulles contre Baïus. *in* 12.

164 Traité des Bénéfices par Fra-Paolo. 1699. *in* 12.

165 Boileau de Re Beneficiaria. *Par.* 1710. *in* 12.

166 Rec. des Bénéfices &c. par Pelletier. 1690. *in* 12.

167 Hérésie de la domination Episcop. par le Noir. 1682. *in* 12.

168 L'Evêque de Cour. 1674. *in* 4.

169 Traité de l'origine des Cardinaux. 1665. *in* 12.

170 Défense des Abbés Commandataires. *La Haye,* 1685. *in* 12.

171 Traité de la dépouille des Curés par Thiers. *Par.* 1683. *in* 12.

172 Code des Curés. *Par.* 1736. 2 *vol. in* 12.

173 Jac. Boileau de antiq. jure Presbyterorum in regimine Ecclef. 1678. *in* 8.

174 Pouvoirs legit. du 1. & 2. Ordre par Travers. 1744. *in* 4.

175 Mém. sur les Droits du second Ordre, & autres Pieces. 6 *vol. in* 4.

176 Traité de la dissolution du Mariage par Hottman. *Par.* 1595. *in* 8.

177 Hist. du Droit Ecclef. françois. *Par.* 1740. 2 *vol. in* 12.

178 J. Ben. Bossuet Defensio &c. *Luxemb.* 1730. *in* 4.

179 Le même en françois. 1735. *in* 4.

180 Mémoire sur les Libertés de l'Eglise Gallicane. *Par.* 1755. *in* 12.

181

181 Expofition de la doctrine de l'Eglife Gall. &c.
par du Marſais. 1757. *in* 12.

182 Apologie des Jugem. des Tribunaux. 2 v. *in* 12.
183 Traité de Talon touchant l'adminiſt. de l'Egli-
fe. 1700. *in* 12.
184 Traité de l'autorité des Rois par le Vayer.
nouv. édition. *in* 12. } 1 · 19

185 Droits des Souverains, touchant l'adminiſt.
de l'Eglife par Delpech. 1734. Confultat. fur
l'approb. néceſ. pour confeſſer, &c. 1734. *in* 4. } 1 · 10

186 Loi de l'Eglife & de l'Etat. *in* 12.
187 Traité des Droits de l'Etat & du Prince fur les
biens du Clergé. *Par*. 1755. 6 *vol. in* 12. } 6

188 Differt. fur l'Indult du Parlement par Richard.
Par. 1723. *in* 8.
189 Toilette de l'Arch. de Sens. 1669. *in* 12. } 11

190 Conftitutions de P. R. *Par*. 1721. *in* 12.
191 P. Stckmans Ius Belgarum, &c. *Leod*. 1645.
in 12. } 1 · 14

DROIT CIVIL.

192 Efprit des Loix, & Pieces. 5 *vol. in* 12. 3
193 Corpus Juris civilis. *Par. Vitré*. 1628. 2 v. *in fol*. 28
194 Juftiniani Inftitutiones. *Elzev*. 1676. Conci-
liation des Art. de la Cout. de Paris par des
Maifons. *Par*. 1663. *in* 16. *mar. n.* } 2 · 19

195 Juftiniani Inftitutiones. *Lugd. Bat*. 1670. *in* 12. 1
196 Fr. Baconius de juftitia. *Par*. 1752. *in* 24. 13
197 Pet. Pithœi Comes Juridicus. *Par*. 1711. *in* 12. 10
198 Alliance des Loix Romaines avec le Droit franç.
par Duret. *Par*. 1600. *in* 4. 1
199 Diction. des Arrêts par Brillon. *Par*. 1711. 12
3 *vol. in fol*.
200 Table des Ordonnances. *Par*. 1706. *in* 4.
201 Compilation des Ordonn. par Blanchard. *Par*.
1715. *in fol*. } 13 · 10

B

15 202 Edits & Ordonnances par Ant. Fontanon. *Par.* 1611. 3 *vol. in fol.*

30 · 3 203 Recueil d'Edits, &c. par Neron. *Par.* 1720. 2 *vol. in fol.*

15 204 Comm. de Theveneau fur les Ordonn. *Par.* 1629. *in* 4.

51 { 205 Recueil d'Edits, Déclar. Arrêts, &c. depuis 1701 jufq. 1717. 12 *vol. in* 4.

206 Autre Recueil non relié depuis 1575 jufques 1761. 48 Liaffes *in* 4.

1 · 3 207 Rec. des Edits, &c. fur les Pr. Reformés. *Par.* 1714. *in* 12.

3 · 12 208 Recueil des Edits, Déclar. Arrêts & Reglem. pour la Flandre. *Douay*, 1730. *in* 4.

1 209 Rec. des Ordonn. concernant la Ville d'Amiens. *Amiens*, 1653. *in* 4.

2 210 Ordonnances de Louis XIV de 1667, 1669, 1670, 1673, & Arrêts d'interprétation. 6 *v. in* 4.

1 · 10 211 Ordonn. de 1667, 1669, 1670 & 1673. *in* 16. *mar. n.*

4 212 Procès-verbal des Conférences fur les Ordon. de 1667 & 1670. *Par.* 1724. *in* 4.

5 · 15 213 Conférences des Ordon. par Bornier. *Par.* 1729. 2 *vol. in* 4.

1 · 11 { 214 Ordonn. de 1669 fur les Eaux & Forêts. *Par.* 1735. *in* 16.

215 Inftruction fur les Eaux & Forêts. *Par.* 1682. *in* 12.

1 · 18 216 N. Jurifprudence des Chaffes. *Par.* 1688. 2 *vol. in* 12.

1 { 217 Ordonn. de 1680 pour les Gabelles. *Par.* 1714. *in* 16.

218 Le même. *Par.* 1721. *in* 24.

1 { 219 Ordonn. de 1681 touchant la Marine. *in* 4.

220 Autre de 1684 touch. la Marine de Bretagne. *Vannes*, 1685. *in* 4.

vinces du Royaume, Bonnetiers, Drapiers, Barbiers, Teinturiers, & Manufactures, &c. *in* 4.

243 Arrêts &c. concernant les Communautés : Pieces Mss. sur les Octrois &c. *in* 4.

244 Statuts des Apoticaires-Epiciers &c. de Rouen. 1742. *in* 4.

245 Privileges des Arquebusiers de Troyes. *in* 4.

246 Reglemens des Bateurs d'or. *in* 4.

246 * Statuts des Bonnetiers de Paris. *in* 4.

247 Statuts des Bonnetiers de Rouen. *in* 4.

248 Statuts des Bourreliers, 1742. *in* 4.

249 Statuts des Chaircutiers de Rouen. 1748. *in* 12.

250 Statuts des Chandeliers de Rouen. 1745. *in* 4.

251 Statuts des Charpentiers de Paris. 1701. *in* 4.

252 Statuts des Chirurgiens des Provinces &c. 1735. *in* 4.

253 Statuts des Couvreurs. *in* 4.

254 Stat. des Drapiers &c. des Merciers. 1719. *in* 4.

255 Statuts des Drapiers, Merciers &c. de Caen. 1736, *in* 4.

256 Reglemens pour les longueurs &c. & teintures de draps. 1663. *in* 4.

257 Statuts des Epiciers de Caen. *in* 4.

258 Statuts des Eventaillistes. *in* 4.

259 Statuts des Fourbisseurs de Paris. *in* 4.

260 Statuts de la Marchandise de fruits, & grains &c. de Paris. 1692. *in* 4.

261 Statuts des Marchands de grains &c. de Rouen. 1732. *in* 4.

262 Reglement pour les Haras. 1724. *in* 4.

263 Statuts des Horlogers. *in* 4.

264 Reglement des Imprimeurs & Libraires. *Par.* 1687. *in* 4.

265 Code de la Librairie, *Par.* 1744. *in* 12.

266 Stat. des Faiseurs d'Instrum. de Musique. *in* 4.

267 Ordonn. Statuts &c. des Maîtres Massons &c. de Paris. Mss. *in fol.*

2 · 8 297 Cout. d'Artois par Mailliard. *Par.* 1704. *in* 4.

12　298 Cout. d'Artois par Mailliard. *Par.* 1739. *in fol.*

1　299 Projets pour la réforme de la Cout. d'Artois. par Brunel *Douay*, 1735. *in* 8.

15 { 300 Cout. de Calais. *Boulogne*, *in* 8.

{ 301 Coutumes de Doullens. 1738. *in fol.*

1 · 5 302 Cout. de Ham. 1745. *in* 12.

1　302 * Coutumes de Lorraine. *Par* 1682. *in* 12.

4 · 4 303 Les Us & Cout. de la Mer. *Rouen*, 1671. *in* 4.

13　304 Cout. de Picardie. *Par.* 1727. 2 *vol. in fol.*

2 · 17 305 Cout. de Troyes par Pithou. *Troyes*, 1628. *in* 4.

1 · 7 306 Coutumes de Vermandois. *Reims*, 1631. *in* 4.

21　307 Coutumier de Vermandois. *Par.* 1728. 2 *vol. in fol.*

12 308 Differtation de le Sure fur la preuve teftimoniale de la filiation &c. *Par.* 1726. *in* 4.

5 · 4 309 Traité de la Vente des Immeubles par Décret par d'Héricourt. *Par.* 1727. *in* 4.

4　310 Traité des Matieres criminelles par la Combe. *Par.* 1741. *in* 4.

3　311 Opufcules de Loifel *Par.* 1652. *in* 4.

13 312 Indice des Droits royaux par Ragueau. *Par.* 1609. *in* 4.

17　313 Diction. de Juftice &c. par Chafles. *Par.* 1725. 3 *vol. in fol.*

6 · 5 314 Extraits des Bannieres du Châtelet depuis 1461. *in* 4. *MÍÍ.*

3 · 14 315 Pratique judiciaire de Damhoudere avec fig. *Anvers*, 1564. *in* 4.

1　316 Ordre judiciaire par Ayraut. *Par.* 1615. *in* 4.

3 · 13 317 Style civil : criminel : du Confeil par Gauret. *Par.* 1715. 3 *vol. in* 4.

4　318 Praticien François par Lange. *Par.* 1729. 2 *vol. in* 4.

8　319 Praticien de Couchot, par de la Combe. *Par.* 1738. 2 *vol. in* 4.

320 Pratique des Juges & Consuls. *Par.* 1742. *in* 4.   5 · 3
321 Recueil concernant les Consuls. *Par.* 1668. *in* 4.   }
322 Recueil des Consuls &c. *Par.* 1705. *in* 4.   } 1 · 17

SCIENCES ET ARTS.

Philosophie : Histoire naturelle &c.

323 Step. Chauvin Lexicon philosophicum. *Rot.* 1692. *in fol.*   6
324 Logique de Nicole. *Par.* 1724. *in* 12.   1 · 4
325 Caractères de Theophraste par la Bruyere. *Par.* 1750. 2 *vol. in* 12.   4 · 12
326 Hist. de l'esprit humain ou Imitation du Tableau de Cebès. *Par.* 1670, *in* 8.   1 · 5
327 Théatre moral de la vie humaine avec les fig. d'Otho Vænius &c. *Brux.* 1678. *in fol. fig.*   6 · 19
328 Comes senectutis. *Par.* 1709. *in* 12.   }
329 Did. Saavedræ Idea Principis Christ. politici. *Par.* 1660. *in* 12. *fig.*   } 1
330 Institution d'un Prince par Duguet. 1740. 4 *vol. in* 12.   4 · 4
331 Maximes : Devoirs des Rois : Manuel des Souverains. 1754. *in* 12.   1 · 3
332 Amusemens Phil. sur le langages des Bêtes par Bougeant. *Par.* 1739. *in* 12.   1
333 Le Parfait Négociant par Savary. *Par.* 1736. 2 *vol. in* 4.   11 · 19
334 Diction. du Commerce par Savary. *Par.* 1741. 3 *vol. in fol.*   45 · 19
335 Essai sur le Commerce par Melon. 1736. *in* 12.   1
336 Réflexions sur les Finances &c. par Dutot. 1738. 2 *vol. in* 12.   2
337 Dixme royale par Vauban. 1707, *in* 4.   1 · 4

 SCIENCES ET ARTS.

1 · 4 338 Traité des Finances des Romains. *Par.* 1740.
in 12.

1 · 19339 Expériences de Physique de Poliniere. *Par.*
1734. 2 *vol. in* 12.

3 340 Entretiens physiques par le P. Regnault. *Par.*
1729. 3 *vol. in* 12.

3 · 5 341 Histoire du Ciel par Pluche. *Par.* 1739. 2 *vol.*
in 12.

2 · 10 {342 La Figure de la Terre &c. par Maupertuis. *Par.*
1738. *in* 8.
343 Degré du Méridien entre Paris & Amiens &c.
Par. 1740. *in* 8.

1 · 2 344 Connoissance des Tems depuis 1740 jusqu'à
1760. 20 *vol. in* 8.

3 6 345 Diction. Œconomique & Supplem. *Par.* 1732.
1743. 4 *vol. in fol.*

18346 Lettres sur le Pline du P. Hardouin. *Par.* 1725.
in 12.

10 · 5 347 Spectacle de la Nature par Pluche. *Par.* 1735.
4 *vol. in* 12.

3 348 Théâtre d'Agricult. par Liger. *Par.* 1623. *in* 4.

1 · 9 349 Comes rusticus. *Par.* 1708. *in* 8.

10350 Lettre sur les explicat. de Buffon. *in* 12.

1 · 10 {351 Traité des Tourbes combustibles par Ch. Patin.
Par. 1663. *in* 4.
352 Merveilles de la Nature. *Rouen*, 1723. *in* 12.

{353 Maniere de semer les grains &c. 1689. *in* 12.

1 {354 Traité de la culture de l'Oreille d'ours. *Brux.*
1732. *in* 12.

355 Nouv. Fontaines domestiques &c. *Par.* 1750.
in 12.

19356 Comm. en vers franç. sur l'Ecole de Salerne.
Par. 1671. *in* 12.

1 · 10357 J. Fr. le Févre Opera Medica. *Vesunt.* 1737.
in 4.

{358 Le Brigandage de la Medecine, de la Chirur-
gie,

gie, de la Pharmacie, par Hecquet. 1732. 2 *vol.*
in 12.

359 Medecine , Chirurgie & Pharmacie des Pau- 3
    vres par Hecquet. *Par.* 1740. *in* 12.
360 Differt. fur l'incertitude des fignes de la Mort, 1
    par Bruhier. *Par.* 1742. *in* 12.
361 La même. *Par.* 1749. 2 *vol. in* 12.   2 · 14
362 Traités des Eunuques par Ancillon. 1707. *in* 12.   1 · 5
363 Combalufier Tractatus de flatulentis humani
    corporis affectibus. *Par.* 1747. *in* 12.   2
364 Traité des Maladies venteufes trad. *Par.* 1754.
    in 12.
365 Regles fur la Santé par Cheyne. *Par.* 1726.   10
    in 12.
366 Mém. fur les remedes d'Helvetius. *in* 12.
367 Vertus medic. de l'eau commune. *Par.* 1725.   1
    in 12.
368 Le vrai Cuifinier franç. *La Haye*, 1721. *in* 12.   12
369 Almanach de table. *Par.* 1729. *in* 12.   10
370 Cuifiniere bourgeoife. *Par.* 1748. *in* 12.   1 · 4
371 Cuifine & Office de fanté. *Par.* 1758. *in* 12.   1 · 10
372 Liaffe *in* 4. fur la difpute des Médecins & des   1 · 6
    Chirurgiens.
373 And. Vefalii Anatomia. *Par.* 1564. *in fol.*   1 · 6
374 Index funereus Chirurgorum Parif. cum addit.   1 · 4
    Mff. *Par.* 1714. *in* 12.
375 Apologie des gr. Hommes foupçonnés de Ma-   1 · 7
    gie par Naudé. *Amft.* 1712. *in* 8.
376 H. Corn. Agrippæ Opera. *Lugd.* 2 *vol. in* 8.   6
377 Lettres de S. André fur la Magie. *Par.* 1725.   1
    in 12.
378 Lettre de P. Garnier fur la Baguette. *Lyon*,
    1692. *in* 12.   1 · 6
379 Petri Thyræi Loca infefta. *Lugd.* 1599. *in* 8.
380 Examen de l'Hift. des Diables de Loudun par   1 · 9
    la Menardaye. 1749. *in* 12.

C

2 · 10 381 Differt. fur les Vampires par Calmet. *Par.* 1749. *in* 12.

4 · 18
382 Arithmetique de Barreme. *Par.* 1706. *in* 12.
383 Le Livre néceffaire par Barreme. *Par.* 1708. *in* 12.
384 Comptes faits de Barreme. *Par.* 1742. *in* 12.
385 Tarif des Glaces. 1722. *in* 12.

1 · 10 386 Elemens de Geometrie par Rivard. *Par.* 1738. *in* 4.

12 387 Avertiffem. fur l'Eclipfe annul. du Soleil en 1748, avec la Carte & l'explication par de l'Ifle: Eclypfe de 1750.

3 · 19 388 Traité des Horloges par D. Jacq. Alexandre. *Par.* 1735. *in* 8.

2
389 Méthode pour regler les Montres par Sully. *Par.* 1728. *in* 12.
390 Regle artificielle du tems par Sully. *Par.* 1737. *in* 12.

3   391 Traité d'Optique &c. par Thomin. *Par.* 1749. *in* 8.

19 392 Inftruct. fur l'ufage des Lunettes &c. par Thomin. *Par.* 1746. *in* 12.

1 · 19 393 Centuries de Noftradamus. *Par.* 1668. *in* 12.

12 394 Airs des Comédies Italiennes. *mf.* 2 *vol. in* 4.

1 · 12
395 Effets de la force de la contiguité des Corps par le P. Cherubin. *Par.* 1688. *in* 12.
396 Traité des Barometres &c. par Dalencé. *Amft.* 1688. *in* 12.

1 · 9 397 Differtation fur les Thermometres par Martine. *Par.* 1751. *in* 12.

398 Crayons, Compas &c. Pieds de cuivre & autres inftrumens de Mathématique.

399 Deux autres Compas tout neuf avec leur plume & leur porte-crayon.

LES ARTS &c.

400 Theatrum Artis scribendi. 2 vol. in 4. obl. 2·9
401 Technographie de le Gangneur. in 4. obl. 1·9
402 Livre d'exemplaires par Lesgret Ecrivain. Par.
  1713. in fol.
403 L'Art d'écrire par Alais. Par. 1720. in fol. 1
404 Champ fleury par Geof. Thory. Par. in fol.
405 Science pratique de l'Imprimerie par Fertel. 3·19
  S. Omer, 1723. in 4.
406 Modeles des Caracteres d'Imprimerie par Four- 4·10
  nier. Par. in 4. obl.
407 L'Art de Peinture par du Fresnoy. Par. 1673. 18
  in 12.
408 L'Art de peindre en émail par Ferrand. Par.
  1721. in 12.
409 Traité de la Miniature. Par. 1676. in 12. 7·10
410 Traité de la Miniature par Melle Perrot. 1725.
  in 12.
411 Descript. des Desseins de Crozat par P. Ma- 2
  riette. 1741. in 8.
412 Catal. de l'Œuvre de Rembrant par Gersaint.
  Par. 1751. in 12. 2
413 Catal. des Estampes gravées d'après Rubens &c.
  par Hecquet. Par. 1751. in 12.
414 Cat. d'Estampes par Hecquet. Par. 1752. in 12. 1·10
415 Catalogues de Coquilles par Gersaint. 1736. 4·17
  1737. in 12.
416 Catal. de Lorangere par Gersaint. 1744. in 12. 2·2
417 Catal. des Curiosités de Bonnier par Gersaint. 2·12
  Par. 1744. in 12.
418 Catal. du Cabinet de la Roque par Gersaint. 1·9
  1745. in 12.
419 Catal. des Bijoux &c. de Fonspertuis par Ger- 1·4
  saint. Par. 1747. in 12.
420 Catal. des bronzes de Valois par Gersaint. 1748.
  in 12.

13 (421 Catal. des Tableaux &c. de Godefroy par Ger-
saint. *Par.* 1748. *in* 12.

1 · 9 422 Catal. de Coquilles par Gersaint. 1749. *in* 12.

16 423 Catal. des Tableaux &c. du Préf. de Tugny.
1751. *in* 8.

12 424 Catal. de Curiosités par Remy. 1759. *in* 12.

3 425 Catal. des Tableaux &c. de Tallard par Remy
& Glomy. *Par.* 1756. *in* 12.

11 · 4 { 426 Catal. de Desseins, Estampes & Coquilles.
Par. 1759. *in* 12.
{ 427 Liasse de Catal. de Tableaux, Bronzes &c.
in 8. & *in* 12.

1 · 4 428 Voyage Pictoresque de Paris. *Par.* 1749. *in* 12.

1 · 1 429 Le même. *Par.* 1757. *in* 12.

7 · 5 430 Portefeuille : Portraits de Personnes illustres
Etrangers, François &c. Medaillons : Troupes
legeres de France : Gardes de la Maison du Roi.

28 431 Collection d'un grand nombre de Portraits de
Rois, Princes, Hommes illustres &c. gravés par
Edelynck, Melan, Drevet, le Clerc & autres.
in folio magno.

12 432 Trois cens Portraits de Desrochers. *in* 4.

2 · 8 433 Sept Estampes, dont la Terre, le Feu : le Con-
cert amoureux par Bonnart : l'Eté &c.

1 · 11 { 434 Mariage du Dauphin par Cochin.
{ 435 Bal masqué de Versailles par Cochin.

7 · 10 436 Modes de Mariette. *in* 4.

2 437 Livre de plusieurs Animaux inventés par Bar-
lou : Fleurs : Emblêmes d'amour &c.

438 Iconologie de Ripa avec fig. par de Bie. *Par.*
1636. *in fol.*

2 439 Livres d'Emblêmes. *in* 4.

13 440 Logogriphes gravés &c.

5 441 Cabinet d'Architecture &c. par le Comte. *Par.*
1699. 3 *vol. in* 12.

7 442 Bâtimens de France par du Cerceau. *Par.*
1607. *in fol.*

443 Traité des Chemins par Gautier. *Par.* 1716. *in* 8.
444 Traité des Ponts par Gautier. *Par.* 1716. *in* 8.   2
445 La Méchanique du feu par Gauger. *Amst.* 1714. *in* 12.   1 · 2
446 Académie des Jeux. *Par.* 1725. *in* 12.   16
447 Le Grand Trictrac. *Avignon,* 1738. *in* 8.   2

BELLES-LETTRES.

448 Maniere d'étudier par Rollin. *Par.* 1732. 4 *vol. in* 12.   6 · 12
449 Jardin des Racines grecques. *Par.* 1719. *in* 12.   15
450 Bast. Gasthii Lexicon lat. gr. *Francof.* 1620. *in* 8.
451 Corn. Schrevelii Lexicon gr. lat. *Par.* 1718. *in* 8.   1 · 10
452 P. Danetii Dict. lat. gallicum. *Par.* 1691. *in* 4.   2
453 Novitius, seu Diction. lat. gall. *Par.* 1721. 2 *vol. in* 4.   5
454 Apparat royal. *Poitiers,* 1740. *in* 8.   1 · 6
455 Gradus ad Parnassum. *Par.* 1674. *in* 8.
456 Méthode pour apprendre à lire par de Launay. *Par.* 1741. *in* 12.   1 · 7
457 L'Art d'apprendre à lire. *Par.* 1743. *in* 8.   10
458 De la conformité du langage franç. avec le grec par H. Estienne. *Par.* 1569. *in* 8.   10
459 Ouvrages de Vallange. 3 *vol. in* 16.
460 Grammaire fr. de Restaut. *Par.* 1730, *in* 12.   1 · 16
461 La même. *Par.* 1732. *in* 12.   1 · 16
462 La même. *Par.* 1750. *in* 12.   1 · 18
463 Traité de l'Orthographe françoise par le Roi. *Poitiers,* 1742. *in* 8.
464 Gramm. françoise par Vallart. *Par.* 1744. *in* 12.   19
465 Dictionnaire lat. fr. *Trevoux,* 1732. 5 *vol. in fol.*   30
466 Rec. des Factums de Furetiere. 1694. *in* 12.   12

8 467 Dict. fr. lat. par Joubert. *Par.* 1725. *in* 4.

1·5 468 Aristotelis Scripta gr. lat. *Henr. Stephanus,* 461557. Rhetorique d'Aristote franç. & Italienne &c. *in* 8.

2·5 479 M. Fab. Quintiliani Institutiones oratoriæ, 47 studio Car. Rollin. *Par.* 1735. 2 *vol. in* 12.

1·12 { o Præceptiones Rhetoricæ. *Par.* 1727. *in* 12.

{ 1 Oraisons funebres de Bossuet. *Par.* 1734. *in* 12.

{ 472 Euripidis Iphigenia in Aulide gr. *Par.* 1729. *in* 12.

12 { 473 Virgilii Opera. *Roth.* 1735. *in* 12.

1·15 474 Remarq. sur Virgile &c. par Faydit. *Par.* 1705. 2 *vol. in* 12.

1 475 Horatii Carmina ed. Sanadone. *Par.* 1728. *in* 12.

3·15 476 Pub. Ovidii Opera. *Amst.* 1685. *in* 16.

{ 477 Phædri Fabulæ. *Par.* 1599. *in* 12.

1 { 478 Juvenalis Satyræ ed. Juvencio. *Par.* 1715. *in* 12.

{ 479 Juvenalis & Persii Satyræ. *in* 16.

1 480 Opus Merlini Cocaii Macaronicorum. *Venet.* 1642. *in* 12,

3·2 481 Poésies de Furetiere : de d'Assoucy : l'Ecole de Salerne en vers burlesques &c. *in* 4.

1·11 482 Fables de la Fontaine. *Par.* 1678. 4 *vol. in* 12.

8 483 Œuvres de Boileau &c. *Amst.* 1729. 4 *vol. in* 12.

10 484 Poésies de Sanlecq. 1696. *in* 8.

2 485 Mémoires de ... 1739. 3 *vol. in* 12.

19 486 Chanson d'un Inconnu avec des remarq. par Marthanasius. *in* 12.

1 487 Deux Comédies du P. du Cerceau. 1730. *in* 12.

2·11 488 Recueil du Parnasse ou N. Choix de Pieces fugitives &c. *Par.* 1743. 2 *vol. in* 12.

16 489 Hierusalem délivrée trad. par Bl. de Vigenere. *Par.* 1595. *in* 4.

490 Jonathas Trag. par Duché. *Par.* 1700 *in* 4. }
491 Œuvres de Moliere. *Amst.* 1713. 4 vol. *in* 12. } 7 · 14
492 Théâtre Italien par Gherardi. *Par.* 1700. 6 vol. 7 · 2
    in 12.
493 Abregé de la Fable. *Par.* 1687. 2 vol. *in* 12. 1
494 Le Pantheon Mytique par Pomey trad. *Par.* 1 · 5
    1715. *in* 12.
495 Fables d'Esope & de Philelphe trad. *Par.* 1703. 1 · 16
    2 vol. *in* 12. *fig.*
496 Fables d'Esope, de Phedre & de la Fontaine }
    par Gaullyer. *Par.* 1728. *in* 12. } 1 · 2
497 Perkin faux Duc d'York. *Par.* 1732. *in* 12. }
498 Histoires prod. par Boaistuau, Belleforest &c. 2
    Par. 1596. *in* 12.
499 Lettre du P. Fronteau sur l'usage de se saluer 15
    à table &c. *in* 12.
500 Le Divorce celeste &c. 1644. *in* 12. 1
     15
501 Hist. de Camouflet. 1751. *in* 12.
502 L'Art de peter. 1751. *in* 12. 1 · 11
503 Œuvres de Voiture. *Par.* 1650 *in* 4. 12
504 Traité sur la maniere d'écrire des Lettres par }
    de Grimarest. *Par.* 1709. *in* 12. } 1
505 N. Secretaire de la Cour. *Par.* 1728. *in* 12. }
506 Lettres de Nic. Pasquier. 1623. *in* 8. }
507 Lettres de Guy Patin. 1725. 3 vol. *in* 12. } 4 · 7
508 Lettres d'Ant. Arnauld. 1727. 8 vol. *in* 12.
509 Lettres de Simon. *Amst.* 1730. 4 vol. *in* 12. 5
510 Lettres de Bayle. *Rotterd.* 1714. 3 vol. *in* 12. 2 · 10

HISTOIRE.

GEOGRAPHIE, HISTOIRE UNIV. &c.

511 Méthode pour étudier l'Histoire par Lengler. 2
    Par. 1713. 2 vol. *in* 8.

6　512 Principes de l'hiſtoire par Lenglet. *Par.* 1736. 6 *vol. in* 12.

1 · 4　513 Coſmographia iconica & moralis. *in* 4. *obl.*

18　514 Geographie des Enfans par Lenglet. *Par.* 1736. *in* 12.

12　515 Geographie abr. par Vallart. *Par.* 1743. *in* 12.

1 · 12　516 Diction. geograph. par Voſgien. *Par.* 1749. *in* 8.

58 · 5　517 Atlas de Jaillot 170 Cartes 2 *vol. in fol.*

18　518 Atlas de Nolin en 100 Cartes environ. *in fol.*

12　519 83. Cartes geogr. par Jaillot, de l'Iſle &c.

10　520 Cartes des Côtes de France par Taſſin. *in* 4. *obl.*

5　521 Atlas geogr. & milit. de la France par Julien. *Par.* 1751. *in* 4.

10　522 Voyages de Ch. Patin. *Rouen,* 1676. *in* 12.

523 Tablettes chronol. par Marcel. *Par.* 1682. *in* 8.

1 · 8　524 Tablettes hiſt. par Marcel. *in* 16.

11　525 Calendrier perpétuel. *Par.* 1741. *in* 12.

12　526 Calendrier perpetuel &c. 1745. *in* 12.

1 · 11　527 Calendrier depuis 1733 juſq. 1738. 6 v. *in* 16.

528 Extrait de l'Hiſt. univerſelle. *Mſ. in* 4.

8　529 Eſpion Turc. *Colog.* 1710, 6 *vol. in* 12.

530 Annales. *in* 16.

2 · 4　531 Mercures de différentes années 36 mois.

6 · 19　532 Journal de Verdun depuis 1728. juſq. 1761. (manq. 153 mois depuis 1728 juſq. 1750.)

20　533 Table du Journal de Verdun. 9 *vol. in* 8.

534

6 · 4　535 Almanach royal depuis 1688 juſq. 1760 incluſiv. 65 *vol. in* 8.

1 · 11　536 Mœurs des Iſraélites & des Chrétiens par Fleury. *Par.* 1735. *in* 12.

63 · 10　537 Hiſtoire Eccleſ. par Fleury &c. *Brux.* 1723. & ſuiv. 36 *vol. in* 12.

2　538 Juſtification de Fleury. *Amſt.* 1737. 2 v. *in* 12.

3 · 1　539 Réflex. Diſcours & Œuvres poſth. de Bonav. Racine. 1759. 5 *vol. in* 12.

540 Lettres à Franç. Morenas. *in* 12.   1 . 5
541 Calendrier ecclés. *Par.* 1757. *in* 12.   1 . 5
542 Hist. du Concile de Trente par Fra-Paolo trad.   2 . 5
    par la Houssaie. *Amst.* 1683. *in* 4.
543 Critiq. de la précéd. histoire. *Rouen,* 1719. *in* 4. 2
544 Cæf. Aquilinius de tribus historicis Concilii
    Trid. *Amst.* 1662. *in* 12.
545 Hist. di tutte le religioni dal Moriggia. *Venet.*
    1569. *in* 8.
546 Trad. du précéd. Ouvrage. *Par.* 1578. *in* 12.   } 1 . 4
547 Mare Oceano di tutte religioni del mundo.
    Meffina, 1600. *in fol.*
548 Figures des habits des Chanoines reguliers par   2 . 2
    du Molinet. *Par.* 1666. *in* 4.
549 Fondation de l'Ordre de Saint Antoine. *Par.*
    1632. *in* 8.   } 13
560 P. Dorlandi Chronicon Cartufienfe *Colon.*
    1608. *in* 8.
561 Vie de S. Bruno avec les fig. de Chauveau.   5 . 10
    Par. in fol.
562
563
564
565
566
567
568
569
570 Vies des IV. Evèques. *Par.* 1756. 2 *vol. in* 12.   1 . 10
571 Vie du P. Jof. de Leoniffa. *Par.* 1738. *in* 12.   16
572 Hist. de D. Inigo. *La Haye,* 1738. 2 *vol. in* 8.   5 . 2
573
574
575 Monarchie des Solipfes. *Par.* 1753. *in* 12.   1
576 Plainte apolog. pour les Jefuites par Richeo-   19
    me. *in* 12.

D

577 Réponse de Jarrige. 1677. *in* 12.

578 Discours aux Grands de Pologne &c. *in* 12.

579 Recueil de Pieces sur l'Hist. du P. Jouvency. 1716. *in* 12.

580

581 Six Mém. & Factums au sujet du P. Grebert Jes. de Flandre.

682 Fr. Mennonii Deliciæ ordinum Equestrium. *Colon.* 1613. *in* 8.

583 Aub. Miræi origines ordinum Equestrium. *Colon.* 1638. *in* 8.

584 De la Chevalerie anc. & mod. par Menestrier. *Par.* 1683. *in* 12.

585 De l'origine des Ordres de Chevalerie par P. de Beloy. *Par.* 1604. *in* 12.

586 Etats des Unions des Maladeries &c. *Par.* 1705. *in* 4.

587 Rec. des Edits &c. concern. les Hôpitaux & Maladeries de France. *Par.* 1675. *in fol.*

588 Autre. *Par.* 1689. *in fol.*

589 Diplomata ord. S. Spiritus Monspel. *Par.* 1723. *in fol.*

590 Liasse de brochures *in fol.* & *in* 4. conc. l'Ordre du S. Esprit de Montpellier.

591 Portef. de Pieces sur l'Ordre du S. Esprit.

592 Mém. Regles & Statuts des Ordres de Saint Lazare &c. *Lyon*, 1679. *in* 8.

593 Regle des Chev. de S. Lazare &c. *in* 12.

594 Mémoire de l'institution des Ordres de S. Lazare &c. par le P. Touss. de S. Luc. *Par.* 1666. *in* 12.

595 Mém. ou Extraits des Titres de l'hist. des Ordres de S. Lazare &c. par le P. T. de S. Luc. *Par.* 1681. *in* 8.

595 Rec. des Bulles, Edits &c. sur l'Ordre de N. D. du Mont-Carmel &c. *Par.* 1693. *in* 8.

597 Privileges de S. Lazare *Par.* 1722. *in* 8.
598 Edit qui confirme les Ordres de S. Lazare &c. dans leurs biens. *Par.* 1722. *in* 8.
599 Factum des Chev. de S. Lazare. *Par.* 1675. *in f.*
600 Portef. Ordre S. Lazare. *in* 4.
601 Portef. *in fol.* de Pieces Mff. & imprimées concernant les Ordres de S. Lazare &c. & S. Jacques de l'Hôpital.
602 Titres des fondation & autres Pieces de l'Hôpital & des Chanoines de S. Jacques aux Pelerins à Paris. *in* 4.
603 Mémoires pour & contre les Chan. de S. Jacques de l'Hôpital & les Confreres Pelerins. *in* 4.
604 Liaffe : Pieces pour & contre les Chanoines de l'Eglife de S. Jacques l'Hôpital : Pieces d'Eloquence & de Vers &c. *in* 4.   40
605 Vies des SS. par MM. de P. R. *Par.* 1680. *in* 4.   1
605 * Traité du Chef de S. Jean-Baptifte par du Cange. *Par.* 1665. *in* 4.   1
606 Journal des Saints par Grofez. *Par.* 1688. 3 *vol. in* 12.   16
607 Vie de S. Paul par D. Gervaife. *Par.* 1735. 2 *vol. in* 12.   3
608 Vie de S. Jacques de la Marche : de Ste Marie Magd. de Pazzi : de S. Pierre d'Alcantara : de S. Hyacinthe : de Ste Berthe : de S. Jombert. *in* 12.   12
609 Vita S. Germani Scoti &c. 1665. *in* 12.   10
610 Jac. Boileau Hift. Flagellantium. *Par.* 1700. *in* 12.
611 Hift. des Flagellans par Boileau. *Par.* 1701. *in* 12.   1 · 10
612 Critiq. de l'hift. des Flagellans par Thiers. *Par.* 1703. *in* 12.
613 Hift. ancienne par Rollin. 1733. 4 *vol. in* 12.   23 · 6
614 Hiftoire Rom. par Rollin *Par.* 1738. 9 *v. in* 12.
615 Tacitus. *Amft.* 1701. *in* 16.   16

1   616 Pieces du Procès du P. Paul V. avec la Répub. de Venise. 1607. *in* 8.

13 { 617 Vita del Paolo &c. *Venet.* 1658. *in* 12.
    { 618 Vie du P. Paul. *Elzev.* 1661. *in* 12.

H I S T O I R E D E F R A N C E.

1 · 8   619 Abregé de l'Hist. de France par le Préf. Henault. *Par.* 1744. *in* 8.

3 · 17   620 Abregé de l'Hist. de France. *Par.* 1749. *in* 8.

16 · 6   621 Abregé de Mezeray avec la suite de Limiers. *Par.* 1755. 4 *vol. in* 4.

     622 Extraits Mss. de l'Hist. de France. *in fol.*

1 · 11 { 623 Mém. de Condé. 1564. *in* 12.
    { 624 Les mêmes. 1562. *in* 4.

26 · 15   625 Mémoires de la Ligue. 1590. 6 *vol. in* 8.

108 ·   626 Hist. de M. de Thou trad. *Par.* 1734. 16 *v. in* 4.

1 · 10 { 627 Index Historiæ Thuani *Gen.* 1634. *in* 4.
    { 628 Mausolée : Pieces sur Henri IV. *in* 8.

1 · 19   629 Chronologie septenaire. *Par.* 1611. *in* 8.

12 · 4   630 Mercure françois. 20 *vol. in* 8. manq. le 19 vol.

2 · 10   631 Le véritable Pere Josef. *Par.* 1750. 2 *v. in* 12.

6   632 Mémoires de Talon. *Par.* 1733. 8 *vol. in* 12.

3 { 633 Journal du Parlem. depuis 1648 jusq. 1632. & Pieces &c. 4 *vol. in* 4.
  { 634 Pieces sur Mazarin. *in* 4.

     635 Pieces Mss. & imprim. concernant le Procès de M. Fouquet.

4   636 Pieces du Procès de Fouquet. 15 *vol. in* 12.

1   637 Annales de la Cour & de Paris. 1701. 2 *v. in* 12.

1 · 17 { 638 Relation du Mariage du Duc de Lorraine avec Mademoiselle en 1698. *Par.* 1699. *in* 4. *mar. r.*
    { 639 Journal du Siege de Landau en 1764. avec les Plans enlum. *in fol. mf.*

1 · 6   640 Hist. de Louis XIV. par Medailles. *in fol.*

12   641 Pieces *in* 8. sur les Princes legitimes & legitimés.

642 Journal du voyage du Roi à Reims. *in* 12.
643 Théâtre de la Guerre en 1742 &c. par le
    Rouge. *in* 4.   2 · 4
644 Pieces sur la convalescence du Roi : Mandem.
    d'Evêques au sujet de différentes batailles & pri-
    ses de Villes. *in* 4.   10
645 Table du Procès de Damiens. *in* 12.
646 Mandemens d'Evêques & Pieces sur l'affaire 3
    de Damiens. *in* 4.
647 Dénombrement du Royaume. *Par.* 1720. *in* 4. 1
648 Guide des Chemins de France &c. *Rouen,*
    1624. *in* 12.
649 Plan des places de guerre &c. par la Jaisse.   1 · 4
    Par. 1736.
650 Huit Plans de Paris pour le Traité de la Poli- 3
    ce : Plan d'Abbeville. *in fol.*
651 Plan de Paris. *La Caille. in fol.*   5
652 Plan de Paris par ordre de M. de Turgot. *in fol.* 12 · 14
653 Plan de Paris : par la Grive.   13
654 Rues, Eglises &c. de Paris par Colletet. *Par.*
    1708. *in* 12.   1
655 Les Rues de Paris. *Par.* 1745. *in* 12.
656 Antiq. de Paris par Bonfons. *Par.* 1608. *in* 8. *fi.* 7 · 18
657 Hist. de la Ville de Paris par Felibien & Lobi- 30
    neau. *Par.* 1725. 5 *vol. in fol.*
658 Hist. de Paris par Lebeuf. *Par.* 1754. 9 *v. in* 12. 12 · 5
659 Histoire journ. de Paris : Affiches : Cascades   1 · 10
    de S. Cloud &c. *in* 12.
660 Mémorial de Paris par Antonini. 1732. *in* 12.
661 Calendrier de l'Eglise de Paris. *Par.* 1747.   1 · 4
    in 12.
662 Vues du Louvre &c. & autres Pieces.
663 Descript. des Tableaux du Palais royal. *Par.* 1 · 4
    1727. *in* 12.
664 Recueil concernant l'Université & la Sorbon. 1 · 4
    ne. *in* 4.

12 665 Reglemens de l'Hôtel-Dieu de Paris. *in* 4.

16666 Explication des Tapisseries de S. Merry. *Par.*
1715. *in* 8.

1　667 Hist. de l'Abb. de S. Denis par Doublet. *Par.*
1625. *in* 4.

12　668 Vues du Château & Jardins de Versailles :
Plan de la Ville d'Amiens : Carte militaire de
France : 4 Plans de l'Abb. de Clairvaux : Carte
de Picardie & d'Artois : Environs de Paris :
Cartes des Postes de France : Speculum propin-
quitatis : montés sur gorge.

1 · 10 669 Hist. de la Ville de Gerberoy par Pilles. *Rouen*,
1679. *in* 4.

2　670 Mém. Mss. sur les Provinces de Picardie &
d'Artois. *in fol.*

2　671 Etat & Mémoire touchant la Province de Pi-
cardie par le Moyne du Boschet. *in* 4. *mf.*

6　672 Antiq. de la Ville d'Amiens par de la Morlie-
re avec les Blasons enlum. *Par.* 1642. *in fol.*

2　673 Elections de l'Intendace d'Amiens. *in fol. mf.*

674 Dissertation sur S. Firmin par Thiers. 1699.
in 12.

675 Dissert. sur la transl. du corps de S. Firmin par
de Lestocq. 1711. *in* 12.

7 · 5 676 L'Ombre de M. Thiers. 1712. *in* 12.

677 Justific. de la translat. de S. Firmin par de
Lestocq. *Amiens*, 1714. *in* 12.

678 Remarq. sur le précéd. Livre. 1714. *in* 12.

679 Recueil des Pieces pour & contre Saint Fir-
min le Confès. *in* 4. *in* 8.

3 · 4 680 Hist. de N. D. de Liesse par Villette, avec les
fig. de Thomassin. *Par.* 1708. *in* 4. *m. r.*

2　681 Ant. de Ville Obsidio Corbeiensis cum fig.
Van Lochom. *Par.* 1637. *in fol.*

682 Reglement de l'Hôpital général d'Abbeville.
in 4.

683 Notice de la Prov. d'Artois. *Par.* 1748. *in* 12. 1. 3

684 Plans & Cartes des Villes d'Artois par Beau- 9.
lieu. 2 *vol. in* 4. *obl.*

685 Arrêts, Déclarat. Reglem. concernant la Prov.
d'Artois depuis 1723 jufq. 1741. *in fol.*

686 Portef. Pieces MÍÍ. & imprim. concernant la
Province d'Artois &c. *in fol.* & *in* 4.

687 Mémoires MÍÍ. fur les Intendances de Flan-
dres & d'Arras. *in* 4.

688 Pieces fur différ. matieres dont Mém. de l'E- 6
vêq. d'Arras au fujet la Préfidence aux Etats &c.

689 Liaffe de douze Mémoires MÍÍ. & imprim. fur
la difpute de l'Evêq. de S. Omer avec l'Abbaye
de S. Bertin.

690 Differtation fur l'Abb. de S. Bertin. *Par.* 1737.
in 12.

691 Hift. des Seigneurs d'Enghien de la Maifon de 1
Luxembourg par Collins. *in* 4.

692 Defcript. du Brabant holl. & de la Flandre 1. 6
holl. *Par.* 1748. *in* 12.

693 Mémoires hiftoriques fur les Pays-bas. *Par.* 3
1755. 4 *vol. in* 12.

694 Antiq. de Rouen par Taillepied. *Rouen*, 1658.
in 12.

695 Defcription de l'Entrée des Evêques d'Orléans 15
&c. *Par.* 1734. *in* 8.

696 Portef. Plans de la Ville de Reims : & autres 2. 12
Deffeins & Portraits &c.

697 Deffein de l'Hiftoire de Reims par Bergier.
1635. *in* 4.
2. 10
698 Pieces fur le S. Nombril réveré à Chaalons.

699 Vie de M. de Vialart. 1739. *in* 12. 12

700 Supplem. aux Antiq. de Troyes par Camufat.
1750. *in* 12.
1. 10
701 Mémoires pour l'Hift. de la Ville de Troyes.
Par. 1757. *in* 12.

702 Requête du Duc de Bouillon au sujet du Duché de Sedan. *in fol.*

703 Extrait Mf. du Livre int. Enterrement du Duc de Guife. *in* 4.

704 Lettres fur l'Evêque de Toul. *in* 12.

705 Defcription de la Cathédrale de Strafbourg. *Strasb.* 1743. *in* 8.

706 Relation fur le Séminaire de Luçon. *in* 12.

707 Abregé de l'hift. du Languedoc par D. Vaiffete. *Par.* 1749. 6 *vol. in* 12.

708 Mém. Mff. fur la Prov. de Languedoc. *in* 4.

709 Mém. de l'hift. de Languedoc par M. de Baf-ville. 1736. *in* 8.

710 Mém. fur la Vie de M. Pavillon. *in* 12.

711 Tableau de la Vie de M. de Soanen. *in* 12. *fig.*

712 Abregé de la Vie de M. Segur. 1749. *in* 12.

713 Hift. de l'Exécution de Cabrieres &c. 1645. *in* 4.

714 Pieces *in* 8. Canal de Provence : Plomb laminé &c.

715 Mémoires &c. pour la Ville d'Arles dans l'Affaire de Langlade & autres.

716 Etat de la France par Boulainvilliers. *Lond.*

717 Etat de la France. *Par.* 1727. 5 *vol. in* 12. 1727. 3 *tom.* 1 *vol. in fol.*

718 Etat de la France. *Par.* 1736. 5 *tomes* 6 *vol. in* 12.

719 Etat de la France. *Par.* 1749. 6 *vol. in* 12.

720 Mém. fur les Négociations par Godefroy. *Par.* 1665. *in fol.*

721 Projet d'un nouv. Cérémonial françois. 1746. *in* 4.

722 Le Grand Aulmofnier par Roulliard. *Par.* 1607. *in* 8.

723 Traité du Sacre des Rois par Menin. *Par.* 1723. *in* 12.

724 Entrée de Louis XIV. à Paris. 1662. *in fol.*

725 Traité de la Chancellerie par de Miraulmont.
    Par. 1610. *in* 8.
726 Mém. de Miraulmont fur l'origine des Cours
    Souver. &c. Par. 1584. *in* 8.
727 Lettres hift. fur le Parlement. 2 *vol. in* 12.
728 Jac. de le Baune Panegyricus Senatus Parif.
    Par. 1685. *in* 4.   1 · 2
729 Extrait Mff. des Regiftres du Parlem. depuis
    le 11 Novemb. 1647. jufq. 1664. conten. en 6
    Cartons *in fol.*
730 Liaffe de broch. fur le Parlem. & le Grand
    Confeil. *in* 12.
731 Grand Confeil. *in* 12.
732 Privileges des Officiers du Grand Confeil. *in* 4.
733 Parlemens de Paris. 2 *vol. in* 12.
734 Parlem. de Bordeaux. *in* 12.
735 Parlem. de Bordeaux contre les Tréforiers de   6
    France. 1756. *in* 12.
736 Parlem. de Normandie. *in* 12.
737 Parlem. de Provence. *in* 12.
738 Lettres fur le Châtelet. *in* 12.
739 Mém. fur les Obfervations du Châtelet &c.   1 · 6
    in 12.
740 Pieces fur la Cour des Aydes de Montauban.   1 · 9
    in 12.
741 Cartes du Militaire par la Jaiffe. *Par.* 1734.
    8 *vol. in* 8.   1 · 10
742 Examen de la Regie du Sieur Fargès. *Par.*
    1730. *in fol.*

HISTOIRE D'ESPAGNE, D'ANGLETERRE &c.

743 Voyage d'Efpagne. Col. 1667. *in* 12.
744 Hift. du Card. Alberoni par Rouffet. 1719.   1 · 10
    in 12.
745 Hift. de Charles XII. par Voltaire. 1745. 2 *vol.*
    in 12.   E

746 Lettres de M. de la Baume. 1746. *in* 4.
747 Lettres de M. de la Baume. 1753. *in* 12.
748 Anecdotes de la Chine. 1733. 6 *vol. in* 12.
749 Histoire de Madagascar par de Flacourt. *Par.* 1661. *in* 4.
750 Voyage aux Isles de l'Amérique par Labat. *Par.* 1722. 6 *vol. in* 12.
751 Hist. du Paraguay. 1758. *in* 12.
752 Méthode du Blason par Menestrier. *Lyon,* 1696. *in* 12.
753 Science herald. du Blazon &c. *Par.* 1675. *in* 4.
754 Diction. heraldique par Chevillard. *Par.* 1723. *in* 12.
755 Science des Armoiries par Paviot. *Dijon,* 1664. *in fol.*
756 Jeu d'Armoiries des Souverains. *Lyon,* 1674. *in* 16.
757 Livre d'Armoiries. *in* 12.
758 Nobiliaire de Picardie avec les Blasons enluminés. *in folio magno.*
759 Rec. de la Noblesse de Bourgogne, Limbourg &c. par le Roux. *Lille,* 1715. *in* 4.
760 De l'utilité des Voyages par Baudelot. *Par.* 1686. 2 *vol. in* 12.
761 Du Choul sur la Relig. des Romains. 1580. *in* 4.
762 Mart. Lipenii Historia strenarum. *Lips.* 1670. *in* 4.
763 Usage des Postes. *Par.* 1730. *in* 12.
764 Discorso di Seb. Erizzo sopra le Medaglie. *In Venet.* 1559. *in* 8.
765 Observat. antiques de Simeon. *Lyon,* 1558. *in* 4.
766 Discours sur les Medailles antiques par Savot. *Par.* 1627. *in* 4.
767 Hist. des Medailles par Patin. *Par.* 1665. *in* 12.
768 La Science des Medailles par Jobert donnée par la Bastie. *Par.* 1739. 2 *vol. in* 12.

769 Æneæ Vici Numismata. 1560. *in 4.*
770 Cæsarum imagines per Æneam Vicum. *Roma.* 1613. *in 4.*
771 Alph. Occonis Numismata. *Ant.* 1579. *in 4.*
772 J. Jac. Luckii Sylloge Numismatum. *Argent.* 1620. *in fol.*
773 Comm. de Tristan sur les Empereurs. *Par.* 1635. *in fol.*

1

774 J. Vaillant Numismata. *Par.* 1682. *in 4.*
775 Series Numismatum Bar. de Crassier. *Leod.* 1721. *in 12.*

1 · 10

776 Devises MSS. de Medailles en Jettons. *in 4.*

16

777. 21 Medaillons representans des Papes encadrés.
778 Traité des Monnoies par le Blanc. *Par.* 1690. *in 4.*

11 · 16

HISTOIRE LITTERAIRE &c.

779 Richardi de Bury Philobiblion. *Par.* 1500. *in 4.*   1
780 Traité de Diplomatique par les PP. Bénédictins avec la soufcription. *Par.* 1750. & *suiv.* 4 *v. in 4.*   75
781 Origine de l'Imprimerie par Chevillier. *Par.* 1694. *in 4.*   4 · 12
782 Hist. de l'Imprimerie &c. de Paris par la Cail-le. *Par.* 1689. *in 4.*   4
783 Hist. de l'Académie fr. par Pellisson. *Par.* 1679. *in 12.*
784 Bibliotheq. franç. par Goujet. *Par.* 1741 & *suiv.* 12 *vol. in 12.*   9
785 Table du 17e siecle par Dupin. *in 8.*
786 Bibliotheque critique par Simon. *Par.* 1708. 1714. 6 *vol. in 12.*   8 · 19
787 Bibliotheque Janf. par Colonia. 1740. 2 *vol. in 12.*   1 · 19
788 La France savante par Beughem. *Amst.* 1683. *in 12.*   2 · 8
789 Journal des Savans depuis 1724 jusq. Septem.   39 · 11

bre 1761. *in* 12. *manq.*

    années 1731. Octob. Novemb. Décemb.

       1732. Avril, Octob. Nov. Déc.

       1734. Janv. Nov. Décemb.

       1740. Avril, Mai.

       1743. Janv.

       1744. Janv. Fév. Mars, Avril, Mai.

       1745. entiere.

2   790 Hist. critique des Journaux par Camusat. *Amst.* 1634. 3 *vol. in* 12.

1 · 4 791 Traité des Bibliotheques par Gallois. *Par.* 1680. *in* 12.

10 792 Discours sur la Biblioth. de Fontainebleau par S. Marthe. 1668. *in* 4.

1 · 5 793 Dissert. sur les Bibliothéques par le Pr. Durey de Noinville. *Par.* 1758. *in* 12.

13 794 Biblioth. des Auteurs de l'hist. de France par Duchesne. 1618. *in* 8.

12   795 Biblioth. histor. du P. le Long. *Par.* 1719. *in fol.*

11 796 Index expurgatorius an. 1571. *in* 12.

1 · 13 797 Bibliotheca Corbiniana. *Par.* 1654.

12 798 Bibliotheca Raph. Tricheti du Fresne. *Par.* 1662. *in* 4.

2 · 10 799 Bibliotheca Thuana. 1679. 2 *vol. in* 8.

1   800 Biblioth. Heinsiana. *Lugd. Bat.* 1682. *in* 12.

1 · 17 801 Biblioth. Seguieriana. *Par.* 1685. *in* 12.

4 · 10 802 Biblioth. Telleriana. *Par.* 1693. *in fol.*

1 · 4 803 Biblioth. Faultrier. 1709. *in* 8.

2   804 Biblioth. Joan. Galloys. *Par.* 1610. *in* 12.

    805 Biblioth. Bultelliana. *Par.* 1711. *in* 12.

10 806 Biblioth. Turgotiana. *Par.* 1721. *in* 12.

    807 Catal. de la Coste. *Par.* 1722. *in* 12.

16 808 Catal. Joan. Christ. Bomble. *Amst.* 1723. *in* 12.

3   809 Catalogus Bib. Bachelier. *Par.* 1725. *in* 4.

    810 Biblioth. Boissier, *Par.* 1725. 3 *vol. in* 12.

7 · 811 Biblioth. Duboisiana. *La Haye,* 1725. 4 *v. in* 8.

812 Catalog. Ægid. Macé. 1725. *in* 12.   } 16
813 Biblioth. Fayana. 1725. *in* 8.

814 Catalog. de Thibert. *Par.* 1726. *in* 12.
815 Biblioth. Camilliana. 1726. *in* 8.
816 Catal. Jo. le Gendre. *Par.* 1726. *in* 12.   } 1 . 5
817 Catalog. de M** 1726. *in* 12.
818 Catalogue de M** 1726. *in* 12.

819 Biblioth. Colbertina. *Par.* 1728. 3 *vol. in* 12. 3
820 Catalog. des Thuilleries. *Par.* 1728. *in* 12.   } 13
821 Catalogue de M* 1728. *in* 12.
822 Catalog. Duboys de Marson. *Par.* 1729. *in* 12. } 2 . 12
823 Catalogue de le Blanc. 1729. *in* 8.
824 Catalogue de la Combe. 1730. *in* 8.   }
825 Catal. du Maréch. de Huxelles. 1730. *in* 8. } 1 . 18
826 Catal. de Ferrary. 1730. *in* 8.
827 Biblioth. Hulsiana. 1730. 3 *vol. in* 8.   } 5
828 Catalogus, S. Supplis.. *Par.* 1731. *in* 12.
829 Catal. Librorum Dodart. 1731. *in* 8.   } 5
830 Catal. de Geoffroy. 1731. *in* 8.
831 Catalogue de Cangé. *Par.* 1733. *in* 12.
832 Catal. de 18000 vol. *Par.* 1733. *in* 12.   } 12
833 Catalog. de Tressan. 1734. *in* 8.
834 Catal. de Caumartin. *Par.* 1734. *in* 12.   1
835 Catal. Couet de Montbayeux. 1734. *in* 12.   } 1
836 Catal. de Robert. 1734. *in* 12.
837 Catal. de Bourret. *Par.* 1735. *in* 12.
838 Catal. de Vielbourg. 1735. *in* 8.   } 1 . 17
839 Catal. de Robinot. 1736. *in* 8.
840 Biblioth. Salmoniana. *Par.* 1737. *in* 12.
841 Catal. de la Grange Trianon. *Par.* 1737. *in* 12. } 15
842 Catalogue de M** 1737. *in* 12.   } 6
843 Biblioth. Com. de Hoym. 1738. *in* 8.
844 Catalog. d'Hermand. 1739. *in* 8.   } 3 . 8
845 Catal. de Bellanger. 1740. *in* 8.
846 Catal. de Gravelle. 1740. *in* 8.   } 3
847 Catal. du Maréch. d'Estrées. 1740. 2 *vol. in* 8.

848 Biblioth. Vossiana. *Hag. com.* 1740. *in* 8.
4·12 849 Catalogus Bib. Colbert Monspel. Ep. 1740.
        2 *vol. in* 8.

15 850 Catal. de Boullanger. 1741. *in* 12.
    851 Biblioth. de Magueux. *Par.* 1741. *in* 8.
1·5 852 Catal. de Pelerier-des-Forts. 1741. *in* 8.
1 853 Catal. de Lancelot. 1741. *in* 8.
    854 Catal. de Tassin. 1741. *in* 8.
3·3 855 Catal. Bib. le Goux de la Berchere & Fr. de
        Beauvau Archiep. Narbon. *Tol.* 1741. *in* 8.
10 856 Bibliotheca S. . . . . *Lugd.* 1741. *in* 8.
5 857 Catal. du Chev. de Charost. 1742. *in* 8.
    858 Biblioth. selectissima. *Amst.* 1743. 2 *vol. in* 8.
2 859 Biblioth. Sam. Engel. *Bernæ,* 1743. *in* 8.
1 860 Catal. de Turgot. 1744. *in* 8.
    861 Catal. de Danty d'Isnard. 1744. *in* 12.
1·11 862 Catal. de Godefroy. 1746. *in* 8.
19 863 Catal. de M. de Rothelin. 1746. *in* 8.
3 864 Catal. de Bernard de Rieux. 1749. *in* 8.
    865 Catal. des Livres, Estampes & Tableaux de
        Pontchartrain. 1747. *in* 8.
7 866 Catal. de Burette. *Par.* 1748. 3 *vol. in* 12.
1·9 867 Catal. de S. Port. 1749. *in* 8.
1·10 868 Catal. de l'Archevêque. *Rouen,* 1749. *in* 8.
    869 Catal. du Comte d'Autry. 1750. *in* 8.
1·2 870 Catal. des Livres, Tableaux &c. de Gersaint.
        1750. *in* 8.
1 871 Catal. de Crozat de Tugny. 1751. *in* 8.
    872 Catalog. des Livres & Estampes de Gravelle.
1   1752. *in* 8.
    873 Catal. de Giraud de Moucy. *Par.* 1753. *in* 8.
4·19 874 Catal. de M. de Boze. 1753. *in* 8.
    875 Catal. de Bernard. 1754. *in* 8.
1 876 Catal. des Livres & Estampes &c. de Geoffroy.
        1754. *in* 12.
    877 Catal. de Coquelet. 1744. *in* 8.

878 Catal. de la Haye. 1754. *in* 8.   1
879 Catal. de M. de Lan. *Par.* 1755. *in* 8.   4 · 19
880 Catal. de M. Secousse. *Par.* 1755. *in* 8.   6 · 19
881 Catal. des Livres & Estampes de Pajot d'On-   1 · 19
    senbray. 1756. *in* 8.
882 Catal. des Livres, Desseins & Estampes &c.
    de Fleury. 1756. *in* 8. & *in* 12.
883 Catal. des Livres & Estampes de la Lande.   2 · 12
    1756. *in* 8.
884 Catal. d'Herbert. 1758. *in* 8.
885 Catal. de la Vigne. *Par.* 1759. *in* 8.   1
886 Catal. de Perth. 1760. *in* 8.
887 Catal. des Livres, Tableaux &c. de M. de   2
    Vence. 1760. *in* 8.
888 Catal. de Selle. 1761. *in* 8.   4 · 19
889 Neuf Catal. dont celui de Bossuet. *in* 8.
890 Onze Catal. dont Bibliot. d'Anet. *in* 12.   2
891 Sept Liasses de Catalogues de différentes Bi- 4 · 13
    bliotheques. *in* 8. & *in* 12.
892 Portraits des Hommes illustres par Theod. de 2
    Beze. 1581. *in* 4.
893 Aub. Miræi Vita J. Lipsii. *Ant.* 1609. *in* 8.   1
894 Vie & Hist. du Syndicat de Richer. 2 *v. in* 12.
895 Vie & Ouvrages de Bocquillot. 1745. *in* 12.   1 · 10
896 Vies de MM. Mesnard, Ravechet &c.   1 · 6
897 Pieces *in* 12. Feuilles de Freron : Eloge de Seb. 1 · 5
    le Clerc &c.
898 Mém. sur la Vie de Jean Racine & Lettres   1
    1747. 2 *vol. in* 12.
899 Eloge du Card. de Polignac. 1742. *in* 12.   1 · 3
900 Mém. sur la Vie de Lenglet du Fresnoy. *Par.*   15
    1731. *in* 12.
901 Diction. & Supplem. de Morery. *Par.* 1732.   82 · 10
    10 *vol. in fol.*
902 Diction. hist. litt. & critique &c. 1759. 6 *vol.*   20
    in 8.

903 Projet du Diction. de Bayle. *Rotterd.* 1692. *in* 8.

904 Vie de Tillemont. 1713. *in* 12.

PORTE FEUILLES OU LIASSES DE PIECES

SUR DIFFERENTES MATIERES.

904 * Liasse, Factums, Mémoires, sur différentes matieres. *in* 4.

905 Porte-feuille concernant Mémoires & Factums sur les affaires du Commerce.

906 Porte-feuille contenant le Procès de M. Cl. Vallée Conf. en la Cour.

907 Liasse de Mém. Factums pour & contre M. de Carignan & ses Créanciers.

908 Recueil de Factums, Mémoires &c. sur des Matieres Ecclésiastiques &c.

909 Port. contenant des Factums, Mém. sur des Matieres Bénéficiales, civiles &c.

910 Pieces Mss. & imprim. sur des disputes de Bénéfices &c.

911 Sept Pieces *in fol.* concernant la dispute sur la Primatie entre les Arch. de Lyon & de Rouen.

912 Liasse concernant le Clergé de France, Mém. Factums & autres Pieces sur les Ordres de S. Benoît, Prémontrés, &c. *in fol.*

913 Les Prémontrés, les PP. de la Million : l'Abb. de Figeac : l'Ordre de Grandmont : l'Ordre de Ste Genevieve & de Ste Croix &c.

914 Pieces sur l'Assemblée du Clergé de 1726.

915 Trois Liasses de broch. sur les Immunités du Clergé.

916 Recueil de Pieces contre la prétention des Curés de nommer des Confesseurs à Pâques. *in* 4.

917 Portef. Mém. des Curés de la Banlieue de Paris: Lettres de l'Evêq. de Grenoble : sur le Clergé: Cérémonial observé par M. le Controlleur gén. *Ms.*

Mſ. Mém. ſur le Jeu de l'Arquebuſe &c.

918 Liaſſe de broch. *in* 8. & *in* 12. dont Teſtament de M. l'Arch. de Sens &c.

919 Portef. de Pieces Mſſ. & imprim. pour & contre le Card. de Retz.

920 Liaſſe dont Syndicat de le Rouge &c. *in* 12.

921 Recueil de Pieces ſur différens ſujets de Litterature & d'Hiſtoire. 9 *vol. in* 4.

922 Recueil de Pieces Mſſ. & imprim. Arrêts, Mémoires &c. de Litterature &c. 14 *vol. in* 4.

923 Oraiſons funebres : Diſcours & Pieces de Vers &c. *in* 4.

924 Liaſſe de brochures dont Vert-Vert, la Chartreuſe &c. *in* 12.

925 Liaſſe dont Précieuſes ridicules &c.

926 Portef. Pieces Mſſ. concernant le Procès du Poëte Theophile Viaud en 1623, 1624 & 1625.

927 Lettres Mſſ. & Pieces concernant Catherine Charpy de Troyes dans les différens états extraordin. où elle s'eſt trouvée en 1670.

928 Liaſſe de brochures dont Fact. pour Marie Dulaux : Pieces latines des Jéſuites &c. *in* 8.

929 Liaſſe de Factums & autres Pieces hiſtoriques. *in fol. in* 4. & *in* 12.

930 Liaſſe de Brochures ſur la Puiſſance Eccléſ. ſur les Pairs &c. *in* 12.

931 Pieces Mſſ. & imprim. ſur la Puiſſance du Pape en 1682.

932 Pieces Mſſ. & imprimées ſur la Regale. *in* 4.

933 Liaſſe : ſur la Regale : Evêque, Chapitre d'Amiens, Roye &c. *in* 4.

934 Rec. de Pieces Mſſ. dont Etats des biens de pluſieurs grandes Maiſons : Teſtamens de différ. particuliers & avis de MM. Talon & Lamoignon ſur la Regale. *in fol.*

935 Liaſſe : Erection de l'Evêché de Cambray en

Archevêché : Factums pour & contre la Brinvil-
liers : fur la Compagnie des Indes , le Domaine,
les Fermes &c *in* 4.

936 Liaffe de broch. *in* 12. dont Anecdotes de
Giannone.

937 Liaffe de Pieces *in* 4. dont Hift. du Concile
d'Embrun &c.

938 Liaffe *in* 4. fur la Legende de Gregoire VII &c.

939 Six brochures fur les Carmelites. *in* 12.

940 Portef. Relations Mff. de Sieges : Oraifons fu-
nebres &c.

941 Traité de la Souveraineté du Roi par Savaron
Par. 1615. & Pieces de 1615. 3 *vol. in* 8.

942 Portef. Pieces de l'année 1649 : de M. de Gue-
negaud : fur les Monnoies : fur le Canal de
Chauni.

943 Portef. Pieces Mff. & imprim. de 1655 : fur
les Monnoies & autres.

944 Liaffe de Pieces : Caroufel. Comete de 1664.
& 1665. Principauté de Neufchâtel. Sur les
Indultaires &c.

945 Portef. Relations , Lettres de Cachet &c. & ce
qui s'eft paffé au Parlem. fur le fait de la Juftice
&c.

946 Portef. Lit de Juftice de Louis XIV. Protefta-
tion de Lavardin &c.

947 Lit de Juftice de 1715. Recueil fur les diffé-
rends des Pairs & des Préfidens &c. *in fol.*

948 Portef. Lit de Juftice de 1718. Bref fur le
Card. Noris & Pieces à ce fujet : & autres &c.

949 Pieces dont Lettres fur les Lits de Juftice &c.
in 12.

950 Portef. contenant diff. Pieces hift. Portraits de
MM. du Parlement & fur ce qui s'y eft paffé fous
le Card. Mazarin.

951 Portefeuille contenant Arrêts &c. fur le Grand

Conseil : fur le Parlem. & le Clergé &c. *in* 4.

952 Pieces Mff. & imprimées concernant les Huif-fiers du Parlem. les Mercuriales &c.

953 Trois Liaffes de Pieces hiftoriques fur le Sa-cre du Roi, fur fa Majorité : fur la Naiffance de M. le Dauphin depuis 1715 jufq. 1743. *in* 4.

954 Liaffe de broch. *in* 8. dont Medailles fur la Regence ; Mém. fur la fucceffion d'Efpagne. &c.

955 Liaffe *in* 4. Chambre de Juftice de 1661 : Journal du Journal : de Privilegiis Senum : fur les Horloges : le Calendrier &c.

956 Portef. Rôle Mf. des Taxes ordonnées par la Chambre de Juftice de 1716 &c.

957 Liaffe *in* 4. Chambre de Juftice de 1716. Hift. de Ste Croix d'Orléans &c.

957 Motifs du Parlem. de Provence. 1733. *in* 12.

959 Liaffe : Mém. de Defmarets : Lettre contre le P. le Grand : Défenfe de l'hift. de Suger : Au-mône de S. Quentin : Lettre de Mabillon con-tre Thiers. *in* 8.

960 Liaffe de Pieces fur la Chambre des Affuran-ces : fur l'Ordre de Malthe : fur la Cour des Aydes &c.

961 Deux Pieces *in fol.* fur M. Pranzac.

962 Trois Pieces *in fol.* fur la fucceffion du Duché de Mantoue.

963 Liaffe dont Traités de Paix. *in* 4.

654 Port. Arrêts &c. fur les Rentes : Privileges de Sedan : de la Ville du Mans &c.

965 Portef. Picardie , Amiens &c.

966 Portef. coutenant des Factums , Mém. fur des matieres bénéficiales & civiles de la Province de Picardie & de la Ville d'Amiens.

967 Portef. contenant differ. Ordonn. de l'Intend. d'Amiens : Mém. des Maîtres à danfer : des Pro-prietaires des Maifons de l'Ifle N. Dame ; de

Bénéficiers, Mandem. d'Evêques &c. fur le Jubilé &c.

968 Portef. contenant pluf. Pieces fur différentes affaires des Villes d'Amiens, d'Arras &c.

969 Portef. *in* 4. Pieces fur l'Hôtel-de-Ville d'Amiens ; & fur des Medailles &c.

970 Liaffe de Brochures *in* 8. &c. dont Inftitution de l'Aumône comm. de S. Quentin.

971 Portef. fur les Etats d'Artois : fur des Matieres bénéficiales & civiles &c.

972 Liaffe : Mémoires qui prouvent que la Ville de Troyes eft la capitale de la Province de Champagne. Mém. fur la Difpute de M. de Verthamon &c. Mém. pour & contre M. le Duc de Vendôme &c. *in* 4.

973 Liaffe ; Droits de la Maifon de Savoie : Traités de Paix : Modeles d'écritures : Rentes de l'Hôtel-de-Ville : Chambre d'Affurance.

974 Liaffe : dont Mém. pour la branche aînée de la Maifon de Hornes. L'Ecole de Salerne en vers burlefques. Difcours fur l'Etude de Mathématiques. Obfervations fur les Eaux de Seine, de Marne, &c. Effai fur le gout. Lettre contre les Tables chronol. de Lenglet &c.

975 Portef. contenant dix Pieces pour & contre l'hift. de la Maifon d'Auvergne : Pieces Mff. fur les Ducs & Pairs & les Préfidens du Parlement.

976 Liaffe : fur les Maifons de Guemené, Mauroy, Mazarin, Piney & Duché de Luxembourg. *in* 4.

977 Deux Liaffes concernant le Roi de Portugal.

978 Portef. contenant des Pieces de vers : Differtations fur des morceaux d'antiquités.

979 Liaffe de broch. *in* 12. dont Vies des PP. de Genes & Rivet.

980 Portefeuille contenant plufieurs Pieces dont l'Eloge de D. Rivet : Confultat. en matiere d'a-dultere : les Minimes de Lyon : des Commif-faires contre les Notaires : la Demoifelle Ma-zarelly &c.

981 Liaffe de Brochures , Edits & Ordonn. Dif-fertat. fur les Triremes : Traité contre les Maf-ques : fur les Semi-Ariens : Vie de Cartouche : Differtat. fur l'origine des François : fur le Dict. de Morery &c. *in* 12.

782 Portefeuille. Ordonn. fur la Guerre , les Trou-pes &c.

983 Liaffe de Pieces : Reglement du Conf. de 1738 : des moyens de former de bons Chirur-giens &c.

984 Liaffe , Arrêts : Pieces fur les Avocats aux Confeils. *in* 8.

985 Liaffe dont Formule des Arrêts du Confeil : Pieces de vers : Factums &c. Ordonnances fur la guerre &c. *in* 4.

986 Portef. Tremblement de terre : Ifle de Mi-norque : Affaire du fieur Pennautier.

987 Portefeuille : Maniere de fe fervir du Caffis : Relat. de Fêtes : Mandem. d'Evêques &c.

FIN.

La *Vente des Livres de feu Monsieur* DOYEN *commencera Lundi* 14 *Décembre* 1761 , & *continuera les jours suivans , depuis deux heures de relevée jusqu'au soir , au plus offrant & dernier enchérisseur , en sa Maison rue Culture Sainte Catherine.*

Les Livres seront exposés dans l'ordre qui suit.

Lundi 14 Décembre.

THEOLOGIE, depuis le No. 20. jusq. No. 34.
Jurisprudence, depuis le No. 157. jusq. No. 176.
Sciences & Arts, depuis le No. 323. jusq. No. 335.
Belles-Lettres, depuis le No. 448. jusq. No. 457.
Histoire, depuis le No. 511. jusq. No. 561.

Mardi 15 ,

Theologie depuis le No. 35. jusq. No. 49.
Jurisprudence, depuis le No. 177. jusq. No. 196.
Sciences & Arts, depuis le No. 336. jusq. No. 347.
Belles-Lettres, depuis le No. 458. jusq. No. 467.
Histoire, depuis le No. 570. jusq. No. 618.

Mercredi 16 ,

Theologie depuis le No. 50. jusq. No. 71.
Jurisprudence, depuis le No. 197. jusq. No. 217.
Sciences & Arts, depuis le No. 348. jusq. No. 359.
Belles-Lettres, depuis le No. 468. jusq. No. 479.
Histoire, depuis le No. 619. jusq. No. 667.

Jeudi 17 ,

Theologie depuis le No. 80. jusq. No. 102.
Jurisprudence, depuis le No. 218. jusq. No 237.
Sciences & Arts, depuis le No. 360. jusq. No. 372.
Belles-Lettres, depuis le No. 480. jusq. No. 489.
Histoire, depuis le No. 668. jusq. No. 716.

Vendredi 18 ,

Theologie depuis le No. 103. jusq. No. 123.
Jurisprudence, depuis le No. 238. jusq. No. 258.
Sciences & Arts, depuis le No. 373. jusq. No. 385.
Belles-Lettres, depuis le No. 490. jusq. No. 500.
Histoire, depuis le No. 717. jusq. No. 768.

Samedi 19,

Theologie depuis le No. 124. jufq. No. 140.
Jurifprudence, depuis le No. 259. jufq. No. 278.
Sciences & Arts, depuis le No. 386. jufq. No. 399.
Belles Lettres, depuis le No 501. jufq. No. 510.
Hiftoire, depuis le No. 769. jufq. No. 819.

Mardi 22,

Theologie, depuis le No. 141. jufq. No. 156.
Jurifprudence, depuis le No. 279. jufq. No. 299.
Sciences & Arts, depuis le No. 400. jufq. No. 413.
Hiftoire, depuis le No. 820. jufq. No. 880.

Mercredi 23,

Theologie, depuis le No. 1. jufq. No. 19.
Jurifprudence, depuis le No. 300. jufq. No. 322.
Sciences & Arts, depuis le No. 414. jufq. No. 427.
Hiftoire, depuis le No. 881. jufq. No. 940.

Jeudi 24,

Sciences & Arts, depuis le No. 428. jufq. No. 447.
Hiftoire, depuis le No. 941. jufq. No. 987.